Lk 1107.

MAISON D'HABITATION

DE

MICHEL-MONTAIGNE

A BORDEAUX.

PARIS

J. TECHENER, LIBRAIRE,

PLACE DU LOUVRE, N. 20.

—

1855.

MAISON D'HABITATION

DE

MICHEL MONTAIGNE

A BORDEAUX.

A la vente, faite il y a deux mois à peine, des tableaux, dessins et gravures de M. le baron DE VÈZE (1), j'ai été assez heureux pour obtenir, malgré l'élévation incroyable des prix du plus grand nombre des articles, le n° 549 du catalogue, composé d'un carton contenant 117 pièces et portant le titre bien justifié de : *Souvenirs de quelques lieux intéressants de la France, considérés comme berceau ou résidence de personnes illustres par leurs écrits ou leurs talents.*

Je savois par M. de Vèze lui-même qu'il avoit visité les habitations de Montaigne, à Saint-Michel et à Bordeaux; qu'il en avoit pris des vues, qu'il avoit relevé, même calqué au château des inscriptions de la librairie, et je tenois beaucoup à avoir à ma disposition ces vues, datant presque d'un demi-siècle.

J'ai trouvé, en effet, parmi ces dessins très remarquables pour la plupart, deux charmantes aquarelles petit in-fol., donnant, l'une (en travers) la vue du château avec un détail qui n'existe plus et qui n'est reproduit dans aucune vue que je connaisse ; l'autre (en hauteur) représentant la maison d'habitation de Montaigne à Bordeaux, telle qu'elle étoit en 1813.

---

(1) *J. Charles-Chrysostôme* PECHARMANT BARON DE VÈZE, chargé de dessiner les monuments de la France pour le grand ouvrage de M. de Laborde ; gentilhomme de la chambre du Roi, etc.

Ce dernier dessin est surtout précieux, car je ne sache pas que jamais cette demeure ait été reproduite par la gravure ou la lithographie, et comme les changements immenses apportés dans ce quartier de Bordeaux ont à peu près complétement fait disparaître cette habitation, sa reproduction peut être donnée aujourd'hui pour une véritable *nouveauté*.

Le soin extrême apporté à l'exécution de tous les dessins de ce carton ; les études de détail de quelques châteaux (Villebon, Larochefoucault, Pau, etc.) ; le séjour prolongé que M. de Vèze m'a dit avoir fait dans ce pays (qui étoit le sien, et dont il a dessiné les principaux manoirs), spécialement à Bordeaux et au *château de Montaigne,* sont un garant que cet artiste amateur s'étoit bien renseigné sur l'habitation du philosophe. Par conséquent la discussion que peut soulever l'emplacement qu'elle occupoit, ne peut atteindre l'authenticité du dessin, sur lequel M. de Vèze avoit lui-même écrit : Maison d'habitation de Michel Montaigne a Bordeaux (1).

Où étoit placé cet hôtel? Cela, pour moi n'a jamais fait doute ; mais au moment d'imprimer cette note, on m'a contesté mon opinion, et c'est ce qui m'oblige à entrer dans quelques détails pour la motiver.

Mes souvenirs, lorsqu'il y a bien des années, je visitai le château de Montaigne et sa maison de ville, guidé par les instructions que m'avoient données de vive voix MM. Bernadau et Jouannet, les renseignements directs ou indirects écrits sur cette habitation, tout concorde pour la placer Rue des Minimes. Toutefois, le scrupule que j'apporte dans toutes mes publications me faisoit un devoir de consulter, en ceci encore, mon érudit et si obligeant ami M. Gustave Brunet, qui habite Bordeaux, qui y a rempli et y remplit encore des fonctions municipales,

---

(1) Une jeune artiste, dont l'éloge seroit déplacé sous ma plume, à qui je dois déjà un portrait à l'huile copié, je puis dire *fac simile*, sur celui que Montaigne fit faire dans son voyage d'Italie, achève en ce moment la reproduction par la lithographie de l'intéressant dessin de M. de Vèze.

commerciales, littéraires élevées, et de lui demander son contrôle. M. Brunet s'est pour la première fois trouvé désarmé en face de mes provocations. « *Il savoit qu'on a dit que Montaigne avoit demeuré rue des Minimettes ou rue des Minimes.* » Mais, ajoute-t-il, « *le fait n'est peut-être pas authentique,* » et mon ami pensoit que le clocher qui est sur mon aquarelle pouvoit être LA TOUR d'une des enceintes de la ville, près Saint-Éloy et la rue Saint-James ; il consulta M. Lamothe, qui joint à une instruction profonde et variée la connoissance parfaite de la topographie ancienne de Bordeaux ; les obscurités augmentèrent. M. Lamothe, me disoit M. Brunet, « est persuadé que « Montaigne n'a pas demeuré à côté des Minimettes, et qu'il y « a là quelque méprise ; il se rappelle avoir vu, mais il ne peut « dire où, que Montaigne logeoit rue Bouhaut. Ce qui confir- « meroit cette assertion, c'est que M. Gras dit aussi avoir tenu, « dans ses archives, un document qui atteste le domicile de « Montaigne dans cette même rue. »

Cette contradiction inattendue donnoit, par cela même, un certain intérêt à la discussion, et comme le dessin de M. de Vèze pouvoit servir à l'éclaircir, c'étoit le cas de la pousser à bout ; je recourus donc à mes textes, à mes autorités.

Bernadau (*Hist. de Bordeaux,* édit. de 1839, page 278) dit : *Montaigne demeurait rue des Minimes,* suivant une RELATION *des querelles entre le duc d'Épernon et l'archevêque de Bordeaux* (1). On sait que ces scènes se passèrent en 1633 et 1634. Par conséquent, voilà un renseignement presque contemporain de Montaigne, mort une quarantaine d'années auparavant !

(1) Il ne me semble pas possible de contester la déclaration de Bernadau; pourtant je n'ai pu réussir à trouver une publication sous le titre qu'il indique ; j'ai consulté une partie de ce qui a trait à cette bruyante querelle, *la relation véritable de ce qui s'est passé....,* etc. in-4°; *Mémoire de ce qui s'est passé au parlement de Bordeaux,* 1634 ; l'*Hermite de Cordouan,* le *Curé bourdelois,* l'*Apologie pour M. l'archevêque de Bordeaux,* etc., etc., et je n'ai pas rencontré le renseignement en question. Existe-t-il un manuscrit sous le titre donné par Bernadau ?

Le même, dans le même ouvrage, page 310, dit : « Le cou-
« vent des Minimettes étoit rue des Minimes. Nous avons vu
« les armes de Michel de Montaigne sur la façade intérieure de
« la porte d'entrée de ce couvent, auquel la famille de ce phi-
« losophe *avait donné quelque terrain pour le bâtir. Lui-même*
« *avait son hôtel sur le côté septentrional du couvent des Mini-*
« *mettes.* »

Le même, dans le *Viographe bordelais*, 1845, page 288, dit :
« Il existait, rue des Minimes depuis 1672, un couvent de reli-
« gieuses dites Minimettes. On a donné ce nom à la nouvelle
« rue qui a été ouverte sur le terrain de ce couvent ; à l'angle
« septentrional de ces deux rues s'élevait la demeure de Mon-
« taigne, auteur des *Essais ;* elle n'était distinguée des maisons
« du quartier que par ses combles recouverts en ardoises. Au
« devant de ce modeste hôtel, on a vu jusque dans ces derniers
« temps, une petite cour dont la porte d'entrée étoit décorée
« des armes de Montaigne. Avant qu'on n'eût démoli cette
« maison, nous avions proposé au propriétaire de placer sur la
« porte d'entrée l'inscription suivante :

« Philosophe sublime en sa naïveté,
« Lorsque le fanatisme appelait l'ignorance,
« Montaigne sût douter ; et le premier en France,
« En traçant son portrait, peignit l'humanité. »

Millin, en 1807, *Voyage dans le Midi de la France*, tome IV,
page 641, dit : « Tout ce qui rappelle la mémoire de Mon-
« taigne est fait pour inspirer l'intérêt. Après avoir révéré sa
« tombe j'allai m'incliner devant le lieu où était sa maison,
« rue des Minimes, 17, la porte cintrée en ogive et une tou-
« relle sont les seuls restes de cette modeste habitation ; les
« Bordelais devraient en consacrer le souvenir et en prévenir
« la destruction en y plaçant une inscription. » Or, l'aquarelle
de M. de Vèze donne en effet la *porte en ogive* et *la tourelle* de
Millin, les *combles* et la cour de Bernadau.

Jouy, dans son *Ermite en Province*, t. Ier, 1818, répète à peu près les mêmes termes, seulement il dit au sujet de la *tourelle*, qu'*on n'y retrouve la forme gothique que dans sa partie supérieure.*

Ainsi donc les preuves se succèdent et se classent comme il suit :

1° La Relation de la querelle de d'Épernon en 1633.
2° Millin, Voyage...................... 1807.
3° De Vèze, aquarelle................. 1813.
4° Jouy, Ermite....................... 1818.
5° Bernadau, Histoire de Bordeaux, 1re édit. 1838.
6°   Dito   dito   2e   1839.
7°   Dito   Viographe.......... 1845.

Et on remarquera la concordance parfaite de ces diverses autorités.

J'ai transmis à M. Brunet les motifs de ma persévérante conviction, et j'ai eu le bonheur de l'amener à la partager, il m'écrit (mai 1855) : « Il paraît que ce qu'on avait dit
« de la rue Bouhaut était la suite d'un malentendu (1), c'est
« bien rue des Minimes qu'il faut chercher la maison de Mon-
« taigne à l'angle nord de cette rue et du côté de la cathédrale.
« En vérifiant les choses, nous avons trouvé (M. Brunet étoit
« avec M. Lamothe) que dans une cour qui est près de cette rue
« il existe encore des vestiges qu'on a conservés d'une maison
« du XVIe siècle, sans doute celle de Montaigne, notamment
« une fenêtre, c'est du côté opposé à l'impasse. » Enfin, M. Brunet reconnaît que le clocher du dessin peut bien être celui de Saint-André, ou celui de Sainte-Eulalie dans son état ancien, c'est-à-dire avec une flèche aujourd'hui détruite.

J'ai prié M. Brunet de consulter chez les notaires les actes

---

(1) Une erreur pareille a eu lieu pour Montesquieu ; on avoit soutenu qu'il habitoit rue Sainte-Eulalie, dans l'hôtel situé en face la rue Labérat, c'étoit la demeure de son fils. Montesquieu habitoit l'hôtel de la rue Margaux, dans lequel est actuellement une chapelle.   (*Bernadau.*)

de possession, et il m'annonce que M. Lamothe, qui s'est chargé de cette recherche, a pu déjà constater : « par un des titres de « propriété des dames minimettes que c'était bien à une des- « cendante de Montaigne qu'avait appartenu cet immeuble. » Ce qui précède suffit donc et au-delà pour maintenir rue des Minimes la demeure de Montaigne.

Les expressions de Bernadau, d'ailleurs si explicite, ont pu contribuer à amener ou à entretenir la confusion ; il parle de Montaigne et des minimettes comme s'ils avoient été contemporains ; or, d'après lui-même le couvent a été fondé quatre-vingts ans après la mort du philosophe.

Voici, en résumé, comment les choses ont dû se passer. Au XVI° siècle, à l'extrémité ouest de la ville de Bordeaux, le fort du Hâ existoit dans toute sa splendeur, à son côté oriental on trouvoit et on trouve encore aujourd'hui une surface quadrilatère à peu près rectangle, limitée au couchant (du côté du fort), par la rue des Minimes, au levant par la rue des Palangues, au nord par la rue du Peugne (ou Martini), au midi par la rue du Hâ. D'après les plans cette surface peut avoir approximativement 100 mètres dans son petit diamètre, et environ 125 dans le grand ; elle a dû appartenir à la famille Montaigne ; en effet, l'hôtel de Montaigne étoit sur la rue des Minimes ; la portion du couvent des minimettes qui existe encore, et qui a été prise sur le terrain des Montaigne, est placée à peu près au milieu de l'intervalle de la rue des Minimes et de celles des Palangues ; enfin nous voyons qu'en 1616, Mme de Lestonnac transporte rue du Hâ le couvent de N.-D., qu'elle a fondé, et qu'elle avoit établi en 1607, près la porte Saint-Germain (Bernadau). On peut croire, qu'elle choisit cet emplacement parce qu'il étoit voisin de sa famille ; or, il se pourroit que sa mère, sœur de Michel Montaigne, eût eu dans les partages la portion de terrain sur la rue du Hâ.

L'expression de *modeste*, appliquée par Millin et par Bernadau à la demeure de Montaigne, pourroit donc bien n'être pas très-convenable ; les restes étoient *modestes* au commencement du siècle, mais dans le xviᵉ, alors que la propriété étoit entière, il y avait assurément là les éléments d'une grande habitation.

Postérieurement à la mort de Michel Montaigne, deux fondations religieuses eurent lieu dans ces parages : en 1608 les minimes, entre la rue de ce nom et le fort du Hà, vis à vis des Montaigne, et en 1672 les minimettes, au côté opposé de la rue des Minimes, sur le terrain même de la famille Montaigne. — A cette époque et longtemps encore après, les quatre rues qui limitent la surface décrite suffisaient aux communications, et j'ai sous les yeux deux plans de Bordeaux, gravés par Lattré, l'un en 1755, l'autre en 1760, où ces rues seules existent. Mais postérieurement on a ouvert une rue dite des *Minimettes*, partant de la rue du Peugne, et se dirigeant en formant un angle droit vers la rue des Minimes, l'ancien hôtel de Montaigne s'est trouvé dans l'angle saillant formé par ce coude, la maison qui offre aujourd'hui une croisée qui a peut-être appartenu à sa demeure ouvre sur cette dernière portion, et c'est ainsi qu'on a été amené à dire que Montaigne avoit demeuré rue des Minimettes, ou, comme dit Bernadau, que son hôtel étoit placé au nord du couvent, quoique couvent et rue n'existassent pas de son temps.

Ce quartier, depuis une vingtaine d'années, a subi une véritable transformation; le fort du Hà a disparu, il est remplacé par le Palais de Justice, une caserne et une prison ; la rue Pellegrin a été prolongée sur l'ancien terrain des Montaigne ; la place Rohan, l'Hôtel de Ville ont été créés dans le voisinage.

On peut donc dire que le temps presse pour recueillir tout ce qui a trait à une habitation intéressante dont les derniers vestiges, s'il en existe encore, sont près de disparoître.

Les impressions provoquées par la vue des habitations de Montaigne sont diverses comme les phases de sa vie; si en visitant son château on aime à se représenter le philosophe dans le

calme de ses méditations, en face des lieux qu'il a habités à Bordeaux, on se reporte aux temps de troubles, de guerres, de persécutions pendant lesquels il a vécu, on doit croire que, conseiller au parlement ou maire, il a dû y éprouver de bien fiévreuses émotions, et un intérêt puissant se rattache à de tels souvenirs. Cicéron l'a dit : *Tanta vis admonitionis inest in locis*, (*De fin. bon. et mal.*, lib. V, 2), et Montaigne lui-même :
« La veue des places que nous savons avoir été hantées et
« habitées par personnes desquelles la mémoire en est en re-
« commandation nous esmeut aucunement plus qu'ouir le récit
« de leurs faits ou lire leurs écrits. » III, 9. (1)

Dr J.-F. PAYEN.

---

(1) Montaigne traduit ici littéralement Cicéron, et il est surprenant que l'érudit M. J. V. Le Clerc, qu'on peut respectueusement qualifier *Cicéronien*, n'en ait pas fait la remarque, puisque l'auteur des *Essais* recommande à ses éditeurs de le *déplumer ;* le lecteur jugera si Montaigne en ce passage ne s'est pas paré de la plume de Cicéron :

« Tum Piso, naturâ ne nobis hoc, inquit, datum dicam, an errore quâ-
« dam, ut, cum ea loca videamus in quibus memoria dignos viros acceperi-
« mus multos esse versatos, magis moveamur, quàm si quando eorum ipso-
« rum, aut facta audiamus, aut scriptum aliquid legamus ? »

(Extrait du *Bulletin du Bibliophile*.)

Imp. Maulde et Renou, r. de Rivoli, 144.

www.ingramcontent.com/pod-product-compliance
Lightning Source LLC
Chambersburg PA
CBHW061611040426
42450CB00010B/2436